BEI GRIN MACHT SICH IHR WISSEN BEZAHLT

- Wir veröffentlichen Ihre Hausarbeit, Bachelor- und Masterarbeit

- Ihr eigenes eBook und Buch - weltweit in allen wichtigen Shops

- Verdienen Sie an jedem Verkauf

Jetzt bei www.GRIN.com hochladen und kostenlos publizieren

Bibliografische Information der Deutschen Nationalbibliothek:

Die Deutsche Bibliothek verzeichnet diese Publikation in der Deutschen Nationalbibliografie; detaillierte bibliografische Daten sind im Internet über http://dnb.d-nb.de/ abrufbar.

Dieses Werk sowie alle darin enthaltenen einzelnen Beiträge und Abbildungen sind urheberrechtlich geschützt. Jede Verwertung, die nicht ausdrücklich vom Urheberrechtsschutz zugelassen ist, bedarf der vorherigen Zustimmung des Verlages. Das gilt insbesondere für Vervielfältigungen, Bearbeitungen, Übersetzungen, Mikroverfilmungen, Auswertungen durch Datenbanken und für die Einspeicherung und Verarbeitung in elektronische Systeme. Alle Rechte, auch die des auszugsweisen Nachdrucks, der fotomechanischen Wiedergabe (einschließlich Mikrokopie) sowie der Auswertung durch Datenbanken oder ähnliche Einrichtungen, vorbehalten.

Impressum:

Copyright © 2012 GRIN Verlag, Open Publishing GmbH
Druck und Bindung: Books on Demand GmbH, Norderstedt Germany
ISBN: 9783668463806

Dieses Buch bei GRIN:

http://www.grin.com/de/e-book/367979/das-emotionspotenzial-in-der-werbung-und-das-konzept-der-jugend

Anne Kautz

Das Emotionspotenzial in der Werbung und das Konzept der Jugend

GRIN Verlag

GRIN - Your knowledge has value

Der GRIN Verlag publiziert seit 1998 wissenschaftliche Arbeiten von Studenten, Hochschullehrern und anderen Akademikern als eBook und gedrucktes Buch. Die Verlagswebsite www.grin.com ist die ideale Plattform zur Veröffentlichung von Hausarbeiten, Abschlussarbeiten, wissenschaftlichen Aufsätzen, Dissertationen und Fachbüchern.

Besuchen Sie uns im Internet:

http://www.grin.com/

http://www.facebook.com/grincom

http://www.twitter.com/grin_com

Seminar: Mediensprache
Anne Kautz

Technische Universität Berlin
Fakultät I – Geisteswissenschaften
Institut für Sprache und Kommunikation
WS 12/13: 19 Dezember 2012

„Emotionen – ich liebe sie! Falten auf keinen Fall!"

Das Emotionspotenzial in der Werbung und das Konzept JUGEND

Index

0. Einleitung
1. Fragestellung und These
2. Korpus
3. Textweltmodell und Konzepte
4. Emotionspotenzial
5. Das Konzept JUGEND am Beispiel der Kosmetikwerbung
6. Vorgehensweise der Analyse
7. Textschemata in Headline, Copy und Slogan
8. Sprachliche Mittel auf der Wort-, Satz- und Textebene
9. Persuasive Strategien
10. Fazit

0. Einleitung

Massenmediale Texte sind heutzutage nicht nur rein informationsvermittelnd, sondern werden auch bewusst meinungsbildend und emotionsaktivierend aufgebaut. Exemplarisch hierfür sind insbesondere die Werbetexte der Kosmetikbranche. Betrachtet man heute Werbeanzeigen und –spots für Frauen-Kosmetika, so wird der Rezipient fast ausnahmslos mit jugendlicher Schönheit beworben. Die Botschaft von Text und Bild lautet immer: „Nur wer jung aussieht, ist schön!". Die unzähligen und überdimensional platzierten Werbetexte für Anti-Aging-Produkte lassen keinen Zweifel daran, dass die physischen Komponenten des Alters mittels der sprachlichen Gestaltung als extrem negativ bewertet werden und die Jugend als ein wesentliches Merkmal von Attraktivität konzeptualisiert. Somit greifen die Werbetexte der Kosmetikindustrie augenscheinlich den Wunsch vieler Frauen auf, möglichst lange jung und somit attraktiv und schön auszusehen.

1. Fragestellung und These

Um dies zu untersuchen, werden der Analyse unsere Korpus folgende Fragen übergeordnet: Wie emotionalisiert Kosmetikwerbung auf der sprachlichen Ebene? Welches Konzept wird dabei vordergründig realisiert bzw. angeregt? Auf der Grundlage dieser zwei Fragen sollen die im Korpus (siehe 2.) ausgewählten Print-Anzeigen und TV-Spots analysiert werden.
Unsere These, die es zu untersuchen gilt, lautet: Kosmetik-Werbung emotionalisiert durch die Aktivierung des Konzepts JUGEND.

2. Korpus

Der von uns zusammengestellte Korpus für die Analyse von Kosmetikwerbung besteht aus 27 Print-Anzeigen und 3 Werbespots, die innerhalb der letzten zwei Jahre in verschiedenen Massenmedien wie Zeitschriften, Internet und Fernsehen veröffentlicht wurden. Die Kriterien für die Auswahl der Anzeigen beschränken sich zum einen auf Kosmetikprodukte für Frauen sowie auf ihre aktuelle Präsenz auf dem Markt. So kann davon ausgegangen werden, dass die Werbetexte, die aktuellen Konzepte von JUGEND und SCHÖNHEIT wiederspiegeln.

3. Textweltmodell und Konzepte [nach SCHWARZ-FRIESEL 2007: 33-42]

Die moderne Textverstehensforschung geht davon aus, dass jeder Rezipient beim Verstehensprozess eines Textes nicht nur die explizit dargestellten und sprachlich vermittelten Text-Informationen aufnimmt, sondern zusätzlich sein **Weltwissen** aktiviert und damit textuelle Lücken füllt. Diese vom Rezipienten durchgeführten Schlussfolgerungen nennt man in der Textverstehensforschung **Inferenzen**; jeder Text verfügt also neben seinem **Referenzpotenzial** auch über ein **Inferenzpotenzial**.
Nach Schwarz-Friesel involviert Textverstehen somit „textbasierte, datenbegleitete Bottom-up- und wissensbasierte Top-down-Prozesse" (SCHWARZ-FRIESEL 2007: 34), welche der Leser nutzt um sich ein **Textweltmodell** aufzubauen. Das Textweltmodell bedeutet die mentale Repräsentation eines Textes, in die sowohl die rein textlichen Informationen als auch Informationen aus dem Weltwissen des Rezipienten einfließen. Dieses Weltwissen ist in Form von Konzepten im Langzeitgedächtnis des Rezipienten gespeichert.
Konzepte sind „geistige Informationseinheiten, die Wissen über Dinge, Personen, Sachverhalte etc. speichern" (SCHWARZ-FRIESEL 2007: 38). Mithilfe dieser Konzepte überbrückt der Rezipient referentielle Unterspezifikationen und erzeugt Kohärenz; dies wird insbesondere in der Werbung sowohl bei der textuellen Umsetzung als auch bei der Visualisierung bewusst genutzt. In der Kosmetikwerbung referieren größtenteils stereotypische Bilder von jungen, schlanken Frauen auf das Konzept JUGEND und das Konzept SCHÖNHEIT. (vgl. FEMERS 2007: 30)

4. Emotionspotenzial [nach SCHWARZ-FRIESEL 2007: 210-217]

Wenn man das gesamte Informationspotenzial eines Textes erfassen möchte, reicht die Analyse der sprachlichen Darstellungsfunktion und ihrer zugrundeliegenden Konzeptualisierungen nicht aus. Texte vermitteln darüber hinaus auch implizit enthaltene Informationen, welche vornehmlich die emotionalen Einstellungen und Bewertungen des Textproduzenten wiederspiegeln und die mentale Rekonstruierbarkeit antizipieren. Demzufolge hat jeder Text neben seinem Referenzpotenzial nicht nur ein kognitives Inferenzpotenzial, sondern auch ein **Emotionspotenzial**.

Das Emotionspotenzial ist als inhärente Eigenschaft eines Textes zu beschreiben; über die sprachliche Gestaltung eines Textes, d.h. mittels seiner lexikalischen und syntaktischen Struktur können explizit und implizit emotionale Reaktionen beim Leser ausgelöst werden, die zu einer emotionalen Meinung bzw. Einstellung zu den im Text dargestellten Sachverhalten führen. Im Text werden Emotionen evoziert u.a. durch:

(1) Emotionsausdrückende (emotive) Lexeme: „Falten drohen"
(2) negativ/ positiv konnotierte Lexeme: „Elastizitätsverlust Haut vs. Spannkraft"
(3) Schlüsselwörter: „Jugendlichkeit"
(4) Metaphern: „Jungbrunnen"
(5) Personifizierungen: „meine Haut ist durstig"

Desweiteren spielen auch die Fokussierung und Perspektivierung, die durch syntaktische Strukturierung und (rhetorische) Frageformen erzeugt werden, eine große Rolle um eine mögliche Wirkung bei dem Rezipienten hervorzurufen.

Nicht gleichzusetzen mit dem Emotionspotenzial ist die **Emotionalisierung**. Der Prozess der Emotionalisierung, d.h. die Aktivierung der Gefühlzustände des Lesers wird durch die kognitiven Informationseinheiten und die spezifische Textstruktur ausgelöst. Ob es zu einer tatsächlichen Emotionalisierung des Rezipienten kommt, hängt jedoch auch immer von der Äußerungssituation sowie den Kenntnissen und Interessen des Rezipienten ab und verläuft daher unterschiedlich. Es muss also in jedem Fall zwischen den im Text explizit und implizit dargestellten Emotionen (Emotionspotenzial) und dem emotionalen Erleben (Emotionalisierung) des Rezipienten unterschieden werden.

5. Das Konzept JUGEND am Beispiel der Kosmetikwerbung

Wie bereits aufgeführt kann beim Rezipienten durch die Aktivierung von Konzepten, welche durch die sprachlichen Mittel und das Emotionspotenzial eines Textes angeregt werden, eine Emotionalisierung ausgelöst werden.

Dies lässt sich insbesondere am Beispiel von Kosmetik-Werbeanzeigen zeigen, da diese „ein massenmediales Wertesystem erzeugen, dass das Konzept SCHÖNHEIT/ ATTRAKTIVITÄT auf die einfache Konzeptualisierung SCHÖN IST FALTENLOS UND JUNG reduziert." (SCHWARZ-FRIESEL 2007: 230f). D.h. das emotive Lexem *schön* referiert auf das Konzept JUGEND. Wer schön sein will,

muss jung aussehen; wer jung aussieht, ist schön – so lautet die Botschaft der Kosmetikwerbung und ihrer beworbenen Produkten. Die Werbetexte greifen den Wunsch vieler Frauen auf, möglichst lange attraktiv auszusehen und beziehen sich dabei hauptsächlich auf die physischen Komponenten, welche für die erstrebenswerte Jugendlichkeit stehen: faltenfrei, straff, etc.
Im Gegensatz dazu steht das Konzept ALTER mit seinen Charakteristika *Falten, Pigmentflecken, Furchen etc.*, die bewusst als Attraktivitätsverlust inszeniert werden.

6. Vorgehensweise Analyse [nach FEMERS 2007: 54;56;64]

„Können Falten im Bild noch unmerklich geglättet werden, ist die euphemistische Deklaration von Altersdefiziten im Sprachgebrauch der Kosmetikwerbung kaum übersehbar." (FEMERS 2007:58)
Die Untersuchung des Korpus zeigt deutlich einen „euphemistischen und übersteigerten Superlativ-Sprachstil" (FEMERS 2007:129) um jugendliche Schönheit sprachlich darzustellen und bedient sich negativ gezeichneter sprachlicher Bilder einer älteren Generation.
Alter wird in der Kosmetikwerbung gegenwärtig stark negativ akzentuiert. Die Charakteristika dieser Stereotype (körperlicher Verfall, zunehmende Gebrechlichkeit) beeinflussen dabei die Sprache werblicher Reflexionen. Im Gegensatz dazu wird in der Kosmetikwerbung konsequent jugendliche Schönheit abgebildet und die Zielgruppe der älteren Generation mit diesem Bild beworben.
In der folgenden Analyse wird der Schwerpunkt klar auf die Textanalyse gesetzt. Anzumerken ist jedoch das eine Werbeanzeige erst durch sein Text-Bild-Verhältnis eine umfassende Wirkung erzielen kann.
Zunächst werden unter dem Analyseschwerpunkt der sprachlichen Gestaltung Werbeanzeigen im Hinblick auf die Aussagen der klassischen Textbestandteile **Headline, Copy** und **Slogan** in Bezug auf ihre explizit und implizit dargestellten emotionalen Bilder vorgestellt. Darauffolgend werden die konkreten sprachlichen Mittel auf **Wort-, Satz- und Textebene**, sowie die **persuasiven Strategien** betrachtet und untersucht. Insgesamt wird bei der Analyse auf die sprachlichen Aspekte eingegangen, die in den ausgewählten Werbeanzeigen und Spots überwiegend Anwendung finden.

7. Textschemata in Headline, Copy und Slogan

7.1 Headline [nach FEMERS 2007: 64]

Die Headline, ist der aufmerksamkeitsstärkste Textbestandteil und meist auch der einzige, der vom Konsumenten wahrgenommen wird. Die auffällig dargestellte Botschaft, sollte eine besondere Informationsqualität beinhalten.

Typische Textschemata für Headlines [nach FEMERS 2007:114-116]

In der Anzeigenwelt der Kosmetikbranche, wären alle Bemühungen ein Produkt zu bewerben, vergebens, wenn der Konsument sich nicht auf die Werbebotschaft einlassen und sich der offensichtlich einfachen Problemlösung verweigern würde. Der Konsument muss das Produkt käuflich erwerben und anwenden. „Deshalb sind entsprechende Appelle an den Käufer zu richten [...]". [FEMERS 2007: 116] Ein Emotionspotenzial wird hier durch **Imperative und Handlungsaufforderungen** hervorgerufen. Alter ist der indirekt erklärte Feind:

(6) „Drehen Sie die Zeichen der Zeit zurück" (*Biotherm ‚Skin Vivo, 2010)*

(7) „Die Wahrheit über Falten- Cremes? Finden Sie sie raus! *(Garnier, UltraLift, 2010)*

Problemlösungen für das Alter werden sprachlich raffiniert inszeniert. „Sie werden in der Regel kurz und knapp im Telegrammstil elliptisch auf den Punkt gebracht." (FERMERS 2007: 114) Die Anstrengungen der Kosmetikbranche sind z.B. durch eine Form von *Kampfmetaphorik* realisierbar.

(8) „Die Haut verändert sich mit der Zeit. Jetzt verändert eine Creme ihre Haut." *(Estée Lauder, Revitalizing Creme, 2012)*

Durch die Darbietung einer Lösung erfolgt hier die mögliche Emotionalisierung des Rezipienten - der Triumph über das Alter und der Erhalt von Jugendlichkeit scheinen einfach machbar.

7.2 Copy bzw. Claim [nach FEMERS 2007:64;126]

Im Copy- Bereich werden der in der Headline thematisierte sprachliche Aufhänger genauer dargestellt. Obwohl Copies nachgesagt wird, dass sie kaum gelesen werden und sie somit einen geringeren Rezeptionsgrad haben, scheint die Werbeindustrie sich bei Anti-Aging-Produkten, durch den Einsatz von sprachlicher Sorgfalt und Kreativität, besonders zu engagieren.

Typische Textschemata für Copies [nach FEMERS 2007: 120;121;127]

Oft findet in der Copy-Gestaltung die **Beweis- bzw. Glaubwürdigkeitsfunktion** Anwendung. Um Glaubwürdigkeit zu erreichen, müssen für die Produktwirkung möglichst überzeugende Argumente geliefert werden. Jung gebliebene Prominente stehen mit ihrem Namen als Testimonials für Anti-Aging-Produkte und unterstreichen somit deren Wirkung. Durch die Nutzung von *Personalpronomen* spricht der Prominente eine Empfehlung an den Konsumenten aus. Beispielspot:

(9) „Also eigentlich ist es fast jeden Tag so, dass das Pflegeprogramm in Rekordzeit abgehen muss. Mit Total Effects von **von Oil of Olaz** krieg **ich** das hin. Ganz ehrlich, **ich** bin ein echter Fan dieser Anti-Aging Serie. Das neue Wake up Wonder für den Frischekick am Morgen. Touch of foundation macht einen ebenmäßigen Teint und Abend nach einem anstrengendem Tag, oh da liebe **ich** die Fließmaske. Also **ich** habe die perfekte Anti-Aging Serie für **mich** gefunden. Vielleicht ist ja auch ihr persönlicher Multitasker dabei." – *(Frauke Ludowig, Oil of Olaz, Total Effects., 2011)*

Die hier verwendeten Produkte weisen einen Mehrfachnutzen aus, gekennzeichnet durch das Lexem „Multi[...]". Ihnen werden innovative, talentierte und intelligente Eigenschaften zugesprochen. Alter scheint abwendbar, der Erhalt strahlender Jugend selbst im stressigen Alltag einer Moderatorin möglich. Alter stellt sich dar als ein Problem das behindert, um das sich jedoch Produkte kümmern können.

Recht häufig wird auch das Schema der **Dialog- und Aufklärungsfunktion** genutzt. Der „naive" alternde Rezipient, wird über unentbehrliche Kosmetikprodukte aufgeklärt und über Problemlösungen unterrichtet.

(10) „EINZIGARTIG WIE SIE: IHRE DNA: [...] – Dr. Stefan Gallinat (Leiter Forschung Hautstruktur" *(Nivea, DNage, 2010)*

7.3 Slogan und Produktname [nach FEMERS 2007:65;132]

Der Slogan ist ein Kampagnen- und Werbemittelübergreifender Textbestandteil. Die Kosmetikindustrie stützt sich hier auf einfache und eingängige Sprache. In Bezug auf das Konzept JUGEND werden folgende Anliegen thematisiert: Wohlbefinden, Gesundheit, Natürlichkeit, Wissenschaftlichkeit und Wirksamkeit.

Typische Textschemata für Slogans [nach FEMERS 2007:130-134]

Da das Konzept JUGEND kommuniziert wird, **verbieten sich hier die Begriffe Altern und Alter** in der Textgestaltung.

(11) „Vichy. Gesundheit ist schön" *(Vichy, Normaderm, 2011)*

Oftmals findet man bei Slogans und Produktnamen auch lexikalische Übernahmen aus der englischen und französischen Sprache.

(12) „AGE RE- PERFECT"*(L'Oréal, AGE RE-PERFECT, 2010)*

Internationale Sprachen haben eine aufwertende Funktion für das Produkt und sollen eine exklusive Identifikationsmöglichkeit bieten. Die inszenierte Sprachwelt kann als Euphemismus gewertet werden, da eine Verschleierung unschöner Gegebenheiten stattfindet. Mehrsprachigkeit ist ebenfalls ein Faktor, der dem Konzept JUGEND zugesprochen wird, welches sich gegenwärtig in einem internationalen Umfeld wiederfindet. Eine ausgesprochene Vorliebe bei der Namensgebung für Anti-Aging-Produkte ist die Wahl von *Superlativen*.

(13) „LIFTACTIV DERMIS- ACTIVATOR TECHNOLOGIE" *(Vichy, LIFTACTIV, 2011)*

Hierbei wird sich auf die, aus dem Konzept JUGEND resultierende, Perfektion berufen. Pflege dient dabei der Widerherstellung makelloser Schönheit.

8. Sprachliche Mittel auf der Wort-, Satz- und Textebene

Nun sollen konkrete sprachliche Mittel auf Wort-, Satz- und Textebene analysiert werden, mit denen in den untersuchten Werbeanzeigen und -spots des Korpus ein Emotionspotenzial durch Aktivierung des Konzeptes Jugend erzeugt wird.

8.1 Wortebene

Was Werbung besonders auszeichnet, ist ihr eigener, charakteristischer Wortschatz. (vgl. JANICH 2001: 117) In der Kosmetikwerbung fällt bei der Wahl der **Adjektive, Adverbien** und **Verben** besonders der übersteigerte Sprachstil auf. Alle Produkte scheinen schnell, intensiv und hochwirksam zu sein. Das Ergebnis ist immer straff, strahlend, schön und jung. Die Produkte sind fortschrittlich, spektakulär und einzigartig, wirken vorbeugend, neutralisierend, ankurbelnd, korrigierend, reparierend, schützend, regenerierend und hydratisierend. (vgl. FEMERS 2007: 129)

(14) „Die Haut wird *intensiv regeneriert*, wirkt *sofort jünger* und *erstrahlt* voller *Schönheit*." (Dior, One Essential, 2011)

Beispiel 14 arbeitet mit vielen positiv besetzten Lexemen. Diese eignen sich gut, um das Emotionspotenzial des Werbetextes zu erhöhen. Der übersteigerte Sprachstil der Werbebotschaft verspricht sofortige jugendliche Schönheit bei der Verwendung des Produktes.
Schlüssel, Hochwert- und Plastikwörter spielen eine herausragende Rolle in der Werbesprache.
Hochwertwörter sind Ausdrücke, die ohne die grammatische Struktur des Komparativs oder Superlativs das Bezeichnete aufgrund ihrer positiven Inhaltsseite aufwerten (z.B. echt, ideal, genial, fantastisch, vollendet). **Schlüsselwörter** haben nicht nur eine aufwertende Funktion, sondern leisten auch einen entscheidenden Beitrag zur Argumentation. Sie regen individuelle, emotionale Imaginationen und Assoziationen an. Des Weiteren belegen sie eine Schlüsselstellung in der Werbung und tauchen häufig anzeigen- und produktübergreifend auf. In der Kosmetikwerbung sind typische Schlüsselwörter beispielsweise Schutz, Pflege, Schönheit, Feuchtigkeit. (vgl. JANICH 2001: 117-122) Seit einiger Zeit kann eine Verwissenschaftlichung der Umgangssprache beobachtet werden. (vgl. PÖRKSEN 1988: 12, 18, 11) **Plastikwörter** sind eine Ausgestaltung dieser Entwicklung. Sie regen im Gegensatz zu den Schlüsselwörtern nicht so sehr emotionale Assoziationen an sondern sollen vielmehr wissenschaftliche Würde, Expertentum, Verlässlichkeit und Fundiertheit ausstrahlen. Bei genauerer Betrachtung sind sie jedoch vage, inhaltslos und nichtssagend. Typische Beispiele, die häufig in der Kosmetikwerbung auftreten sind Technologie, Fortschritt, Entwicklung, Energie, Gesundheit, Prozess, Substanz, System. (vgl. BAUMGART 1992: 175f., JANICH 2001: 121)

(15) „Premium"; „Globale Wirkung"; „Anti-Age-Pflege" (Lierac Paris, Premium, 2012)

Die Firma Lierac Paris hat ihr Anti-Age-Produkt nach einem **Hochwertwort** benannt: „*Premium*". Das positive Denotat des Wortes Premium soll eine positive Einstellung des Rezipienten gegenüber dem

Produkt bewirken. Die Werbung versucht indirekt, das Konzept Alter mit positiven Eigenschaften aufzuladen. So steht die ältere Zielgruppe einer Anti-Age-Pflege höchstwahrscheinlich im Berufsleben und ist in der Lage, sich Premium-Produkte zu leisten und zu genießen. Dieselbe Werbeanzeige verwendet zudem auch ein **Plastikwort**: „*Globale Wirkung*". Auf den ersten Blick wirkt dieser Ausdruck wissenschaftlich fundiert und bedeutsam. Die Inhaltsseite dieses Ausdrucks ist tatsächlich jedoch eher vage. Die Bedeutung von globaler Wirkung in Verbindung mit einer Anti-Age-Pflege wird nicht klar. Darüber hinaus verwendet die Anzeige das **Schlüsselwort** „Pflege" in dem Ausdruck „Anti-Age-Pflege". In der Kosmetikwerbung wird dieses Schlüsselwort häufig anstelle von „Creme" verwendet. Diese Art der **Entkonkretisierung** ist eine generelles Phänomen, dass sich in unserem heutigen Sprachgebrauch beobachten lässt, besonders aber in der Werbung. Entkonkretisierungen dienen der Verschleierung der Werbeabsicht und der Aufwertung des Produkts. (vgl. BAUMGART 1992: 175)

(16) „Die Zeichen der Zeit" (Shiseido, Benefiance WrinkleResist24, 2012)

Beispiel 16 umschreibt die negativen Auswirkungen des Alters mit dem **Euphemismus**: „Die Zeichen der Zeit". Diese Anzeige setzt ihren Fokus also auf die positive Darstellung des Konzeptes Jugend („Ab sofort kann eine glatte, jugendliche Haut zu Ihrem Markenzeichen werden.") im Gegensatz zu einer negativen Darstellung des Konzeptes Alter.
Möchte der Rezipient erfahren, was tatsächlich in den Produkten steckt, sieht er sich ebenfalls häufig einer sprachlichen Vernebelungstaktik gegenüber, denn bezüglich der Inhalte und Wirkung wimmelt es von **Verklausulierungen**. (vgl. FEMERS 2007: 127)

(17) „Ultra-Straff-Effekt"; „Dermo-Ästhetische-Methoden"; „Methode Derma-Professional" (Diadermine, Lift Intense + H2O, 2010)

Beispiel 17 verwendet gleich mehrere Verklausulierungen. Das Morphem „Ultra-" dient der Steigerung der Intensität des Bezeichneten. Das im Kontext der Kosmetikwerbung positiv konnotierte Lexem „straff", sowie das Hochwertwort „ästhetisch" und das Plastikwort „professional" versprechen dem Rezipienten jugendliche Schönheit. Außerdem wirken die Verklausulierungen wissenschaftlich fundiert. Eine genaue Erklärung der Phrasen bleibt jedoch aus und die Bedeutung bleibt somit unklar.

8.2 Satzebene

Emotionale Zustände und Einstellungen können auch syntaktisch abgebildet werden. Besonders die beiden emotionalen Komponenten Intensität und positiv/negativ-Bewertung können durch verschiedene **grammatische Konstruktionen** und **Satztypen** ausgedrückt werden und so das Emotionspotenzial der Werbebotschaft erhöhen. (vgl. SCHWARZ-FRIESEL 2007: 189)
Fragesätze haben ein besonders hohes Emotionspotenzial, da sie den Rezipienten persönlich ansprechen und dessen Vorstellung aktivieren. In der Werbung handelt es sich eigentlich immer um **rhetorische Fragen**, da dem Rezipienten eine Antwortmöglichkeit nur vorgetäuscht wird, diese jedoch

nicht intendiert ist. Rhetorische Fragen dienen vielmehr dazu, vorausgesetzte Sachverhalte zu bestätigen. Die Antwort erscheint als allgemeingültig. (vgl. BAUMGART 1992: 293f.)

(18) „Falten & Elastizitätsverlust?"; „Pigmentflecken?"; „Wer würde nicht gerne 10 Jahre jünger sein?" (Biotherm, Skin Vivo, 2012)

Beispiel 18 verwendet gleich mehrmals rhetorische Fragen. Die Werbebotschaft ist, dass jeder gerne zehn Jahre jünger wäre. Die rhetorischen Fragen lassen diese Aussage als allgemeingültig und unbestreitbar erscheinen. Sie evaluieren die Zeichen des Alters (Falten, Elastizitätsverlust und Pigmentflecken) durch die Vorwegnahme der Lösung (Gewinnen Sie 10 Jahre an Hautdichte und Elastizität zurück durch Skin Vivo) eindeutig negativ.

(19) „Fester. Glatter. Strahlender." (Nivea, Teint Optimal, 2010)

Eine **Ellipse** erweckt den Anschein einer Komprimierung wichtiger Informationen. (vgl. JANICH 2001: 143) Beispiel 19 verwendet in der Headline eine Ellipse. Hier wurde die übliche Struktur eines Satzes durchbrochen zu Gunsten einer Aneinanderreihung von positiv konnotierten Adjektiven in Satzform, die typische Attribute einer jugendlichen Haut sind. So erzielt die relativ kurze Headline ein hohes Emotionspotenzial.

8.3 Textebene

Des Weiteren können Emotionen in Sprache auch satz- oder textübergreifend reflektiert werden. Da Emotionen abstrakte, subjektive Phänomene sind und es schwierig ist, über sie zu sprechen, vergleichen wir sie häufig mit greifbaren, anschaulicheren Dingen. Wir stellen **Analogien** auf und nutzen **metaphorische Konstruktionen**, um auf emotionale Zustände zu referieren. (vgl. SCHWARZ-FRIESEL 2007: 190ff., 199ff.)

(20) „Eine Creme wie Gold." (Diadermine, Age Excellium Gold, 2012)

Im Beispiel 20 wird das Produkt, eine Anti-Age-Tagescreme, mit Gold verglichen. Hier wird indirekt eine **Analogie** mit den für Gold typischen Attributen „wertvoll" und „strahlend" hergestellt. Die Werbung zielt somit auf eine Aufwertung des Produktes ab. Das Strahlen des Goldes reflektiert die angestrebte strahlende, jugendliche Haut.

(21) „Die Quelle der Dermis" (Vichy, Lift Activ, 2012)

Vichy hat für die Werbekampagne im Beispiel 21 eine innovative **Metapher** entwickelt: „Die Quelle der Dermis". Damit wird eine feine Hautschicht beschrieben, die laut Vichy in der Lage ist, neue Hautzellen in allen angrenzenden Hautschichten zu bilden und so die Regeneration der Haut zu unterstützen. Die Werbung spielt hier mit dem Bild der Quelle, aus der frisches Wasser entspringt, bezieht diese Bild aber auf neue, junge Haut und verweist damit auf das Konzept Jugend.

9. Persuasive Strategien

Ziel der Werbesprache ist es, im Rezipienten eine Werbewirkung hervorzurufen. Dazu werden verschiedene **persuasive Strategien** eingesetzt, die wir bereits im Seminar behandelt haben. (vgl. KLEIN 1994]) Sie machen eine Bewertung für den Rezipienten akzeptabler und eindrucksvoller.

(22) „Falten & Elastizitätsverlust – Hautdichte"; „Pigmentflecken – Einheitlichkeit" (Biotherm, Skin Vivo, 2012)

Beispiel 22 nutzt die persuasive Strategie der **Kontrastierung**. Hier werden Charakteristika reifer Haut den Charakteristika junger Haut gegenübergestellt: Die Eigenschaften reifer Haut werden mit negativ konnotierten Lexemen beschrieben: „Pigment-*flecken*", „Elastizitäts-*verlust*" und somit negativ bewertet. Die Emotionen des Rezipienten werden somit gesteuert. Im direkten Kontrast wirken die Attribute einer jungen Haut positiv und erstrebenswert, die der reifen Haut gilt es unbedingt zu vermeiden.

(23) „Meine trockene Haut spannt nicht mehr." (L'Oreal, Age Re-Perfect, 2010)

Die persuasive Strategie der Negation ist umstritten, da eine **Negation** unterbewusst auch eine negative Einstellung des Rezipienten gegenüber dem Produkt bewirken kann. Auf der anderen Seite hat die Negation aber eine Produktversprechen verstärkende Funktion sowie eine spannungsaufbauende Wirkung. Beispiel 23 verwendet eine Negation im Slogan der Anzeige. Hier wird eindeutig auf eine Bestärkung des Produktversprechens abgezielt. Der Slogan soll beweisen, dass das Produkt vermag, die typischen Eigenschaften reifer Haut wie Trockenheit und ein daraus resultierendes Spannungsgefühl entgegenzuwirken. Wieder einmal wird das Konzept Alter negativ bewertet, eine jugendliche Haut erscheint als erstrebenswert.

10. Fazit

Nach SCHWARZ-FRIESEL erzeugt die Anti-Aging-Kampagne der Kosmetikindustrie ein massenmediales Wertesystem, dass „das Konzept SCHÖNHEIT/ATTRAKTIVITÄT auf die einfache Konzeptualisierung SCHÖN IST FALTENLOS UND JUNG reduziert" (SCHWARZ-FRIESEL, 2007: 230f) und somit das Konzept JUGEND in den medialen Fokus stellt. So wird die JUGEND positiv evaluiert und als wesentliches Merkmal von Schönheit kommuniziert; ALTER und altersbedingte Veränderungen des Körpers werden dagegen als negatives Konzept dargestellt. Konkrete sprachliche Mittel erzeugen ein Emotionspotenzial, welches das Konzept Jugend beim Rezipienten aktiviert.

Die Analyse der ausgewählten Print-Anzeigen und TV–Spots aus der aktuellen Werbung für Frauen-

Kosmetika hat gezeigt, dass das von der Kosmetikindustrie vermittelte Schönheitsideal stark mit dem Konzept JUGEND arbeitet und mit diesem beim Rezipienten eine Emotionalisierung bewirken möchte.

Anzumerken ist jedoch, dass sich in den Werbekampagnen von Dove für die Produktlinie "Dove Pro Age" auch ein Gegenbeispiel zu unserer These finden lässt. Dove wirbt bewusst mit dem Konzept ALTER: „Schönheit kennt kein Alter" oder „Wer sagt, es ist zu spät für schöne, geschmeidige Haut?". Die Marke bewirbt ihre „Pro Age Produkte" nun mit 60-jährigen Frauen. ALTER wird hier nicht negativ, sondern authentisch und ästhetisch dargestellt. Dove versucht hier nicht mit dem Konzept JUGEND, sondern mit der glaubwürdigen Abbildung des Konzeptes ALTER den Rezipienten zu erreichen.

Ältere Menschen stellen eine immer größer werdende Zielgruppe dar. In Anbetracht des demografischen Wandels wäre also eine authentischere Abbildung des Alters ohnehin von Bedeutung. Jedoch gilt die „Dove Pro Age"-Kampagne in der aktuellen Kosmetikwerbung noch als Ausnahme. Eine entsprechende Ansprache der älteren Generation ohne das Konzept JUGEND wird von der Werbeindustrie bisher kaum umgesetzt. Dort herrscht Unsicherheit hinsichtlich einer angemessenen und effektiven Werbesprache für diese noch nicht ausreichend analysierte Konsumentengruppe, da das ALTER meist mit differenzierten Zuschreibungen gekoppelt und daher für Werbezwecke, in denen es auf sprachliche Prägnanz, Kürze und Plakativität ankommt, schwer umsetzbar ist.

Bibliographie

BAUMGART, M., 1992. *Die Sprache der Anzeigenwerbung. Eine linguistische Analyse aktueller Werbeslogans.* Heidelberg: Physica (Konsum und Verhalten, Band 37).

FEMERS, S., 2007. *Die ergrauende Werbung. Altersbilder und werbesprachliche Inszenierungen von Alter und Altern.* Wiesbaden: VS.

JADAS, J., 2001. *Grammatische und lexikalische Mittel in der Werbung für Kosmetika.* In: SOMMERFELDT, K./ SCHREIBER, H. (Hg.), 2001. *Textsorten des Alltags und ihre typischen sprachlichen Mittel.* Frankfurt am Main (u.a.): Lang (Sprache, System und Tätigkeit 39), S.113-122.

JANICH, N., 2011. *Werbesprache.* Ein Arbeitsbuch. Tübingen: Narr .

PÖRKSEL, U., 1988. *Plastikwörter. Die Sprache einer internationalen Diktatur.* Stuttgart: Ernst Klett Verlage.

SCHWARZ, M., 2008. *Einführung in die Kognitive Linguistik.* Tübingen: A. Francke Tübingen und Basel Verlag

SCHWARZ-FRIESEL, M., 2007. *Sprache und Emotion.* Tübingen: Narr Francke Attempto Verlag GmbH & Co. KG

Quellenverzeichnis

Biotherm, Skin Vivo, 2010.
http://www.horizont.net/kreation/magazine/pages/protected/show.php?id=435290
[letzter Zugriff 11.12.2012]

Estée Lauder, Revitalizing Creme, 2010.
http://www.2luxury2.com/wp-content/uploads/2012/05/Revitalizing-Supreme-Global-Anti-Aging-Creme.jpg
[letzter Zugriff 01.12.2012]

Garnier, Ultralift, 2010.
http://www.garnier.de/_de/_de/pflegelounge/static/img/specials/pflegelounge/ultralift-nachbericht/coupon.png
[letzter Zugriff 01.12.2012]

Loréal, Age Re- Perfect, 2010. http://www.horizont.net/kreation/magazine/pages/protected/show-55507.html
[letzter Zugriff 09.12.2012]

Nivea, DNage, 2010. http://www.horizont.net/kreation/pages/pics/original/print85328.jpg
[letzter Zugriff 10.12.2012]

Oil of Olaz, Total Effects, 2011. http://www.youtube.com/watch?v=N28vjsj8HTI
[letzter Zugriff 05.12.2012]

Vichy, Normaderm,
2011.http://www.horizont.net/kreation/magazine/pages/protected/show.php?id=419207
[letzter Zugriff 10.12.2012]

Vichy, Liftactiv, 2010.
http://www.horizont.net/kreation/magazine/pages/protected/show.php?id=387064
[letzter Zugriff 11.12.2012]

Dior One Essential, 2011. http://www.horizont.net/kreation/tv/pages/protected/Dior-One-Essential_377148.html
[letzter Zugruff: 12.12.2012]

Lierac Premium, 2012. http://www.horizont.net/kreation/magazine/pages/protected/show-430382.html
[letzter Zugruff: 12.12.2012]

Shiseido Benefiance WrinkleResist24, 2012. http://shoppingheavendotnet.blogspot.de/2012/11/new-shiseido-benefiance-wrinkleresist24.html
[letzter Zugruff: 12.12.2012]

Diadermine Lift Intense + H2O, 2010. http://www.horizont.net/kreation/tv/pages/protected/Diadermine-Lift-Intense-%2B-H2O_54613.html
[letzter Zugruff: 12.12.2012]

Biotherm Skin Vivo, 2012.
http://www.horizont.net/kreation/magazine/pages/protected/show.php?id=435290
[letzter Zugruff: 12.12.2012]

Nivea Teint Optimal, 2012. http://www.horizont.net/kreation/magazine/pages/protected/show-54831.html

[letzter Zugruff: 12.12.2012]

Diadermine Age Excellium Gold, 2012. http://www.beautesse.at/Gesamtarchiv/Archiv-Pflege-News/Gold-fuer-die-Haut.html
[letzter Zugruff: 12.12.2012]

Vichy Lift Activ, 2012. http://www.escentual.com/blog/2011/03/18/the-anti-ageing-press-darling-vichy-liftactiv-derm-source/
[letzter Zugruff: 12.12.2012]

L'Oreal Age Re-Perfect, 2010. http://213.83.54.40/kreation/magazine/pages/protected/LOreal-Age-Re-Perfect_56210.html
[letzter Zugruff: 12.12.2012]

BEI GRIN MACHT SICH IHR WISSEN BEZAHLT

- Wir veröffentlichen Ihre Hausarbeit, Bachelor- und Masterarbeit

- Ihr eigenes eBook und Buch - weltweit in allen wichtigen Shops

- Verdienen Sie an jedem Verkauf

Jetzt bei www.GRIN.com hochladen und kostenlos publizieren